Impressum
Verantwortlich: Susanne Caesar
Produktion, Lektorat und Satz: Carmen Söntgerath
Übersetzung aus dem Schwedischen: Sabine Blocher
Umschlagadaption: Regina Degenkolbe

Printed in Slovakia by Florjancic Tisk

Unser komplettes Programm finden Sie unter:

www.christian-verlag.de

Alle Angaben in diesem Werk wurden von der Autorin sorgfältig recherchiert und auf den aktuellen Stand gebracht sowie vom Verlag geprüft. Für die Richtigkeit der Angaben kann jedoch keinerlei Haftung übernommen werden. Sollte dieses Werk Links auf Webseiten Dritter enthalten, so machen wir uns die Inhalte nicht zu eigen und übernehmen für die Inhalte keine Haftung.

Die Deutsche Nationalbibliothek verzeichnet diese Publikation in der Deutschen Nationalbibliografie; detaillierte bibliografische Daten sind im Internet über http://dnb.d-nb.de abrufbar.

Die schwedische Originalausgabe mit dem Titel *Det godaste till grillat* erschien erstmals 2021 bei Bokförlaget Semic, Stockholm, Schweden
Vermittelt durch: Bonnier Rights, Stockholm, Schweden

Fotografie: Eva Hildén
Autorenporträt: Camilla Lindqvist
Gestaltung: Monica Sundberg

ISBN 978-3-95961-672-0

* * * * *

Sind Sie mit diesem Titel zufrieden? Dann würden wir uns über Ihre Weiterempfehlung freuen. Erzählen Sie es im Freundeskreis, berichten Sie Ihrem Buchhändler oder bewerten Sie bei Onlinekauf. Und wenn Sie Kritik, Korrekturen, Aktualisierungen haben, freuen wir uns über Ihre Nachricht an:

Christian Verlag GmbH
Postfach 40 02 09
D-80702 München
oder per E-Mail an
lektorat@verlagshaus.de

GRILL-BEILAGEN

SALATE, SAUCEN, DIPS & MEHR

100 REZEPTE, DIE DEM FLEISCH DIE SHOW STEHLEN.

TEXT UND STYLING
LENA SÖDERSTRÖM

FOTOS
EVA HILDÈN

CHRISTIAN

BEI-LA-GEN

BEIM GRILLEN HAT JEDER SEINE FAVORITEN.

Mancher liebt vielleicht Steaks und legt gern ein saftiges Stück Rindfleisch auf den Rost, ein anderer hat ein Faible für Bratwurst, während sich der Dritte für Fisch begeistert.

Was immer es sein mag, ein paar gute Beilagen gehören unbedingt dazu. In diesem Buch finden Sie Rezepte für Salate, Saucen, Dips, Brot und eine Menge mehr, und es ist garantiert für jeden das Richtige dabei. Natürlich darf auch etwas Süßes zum Abschluss nicht fehlen.

Wer sich durch die Rezepte probiert, hat bestimmt auch hier bald seine Favoriten. Mein Tipp: ein kleines Büfett mit mehreren Beilagen anrichten, dann findet jeder am Tisch etwas, das ihm schmeckt.

Viel Spaß beim Grillen wünscht Lena Söderström.

CAESAR-SALAT 4 PERSONEN

1 Rezeptmenge Caesar-Dressing (siehe Seite 46)
2 Köpfe Romanasalat

CROÛTONS
1 kleines Baguette (oder 5 Scheiben Weißbrot)
4 EL Butter

ZUM SERVIEREN
4 EL grob geriebener Parmesan
2 EL gehackte glatte Petersilie
frisch gemahlener schwarzer Pfeffer

- Das Caesar-Dressing zubereiten wie auf Seite 46 beschrieben.
- Das Baguette in Scheiben schneiden. Die Brotscheiben von beiden Seiten buttern und in einer Pfanne goldgelb braten. Nach dem Abkühlen würfeln.
- Die Salatköpfe halbieren, auf einer Platte verteilen und mit dem Dressing beträufeln. Vor dem Servieren die Croûtons dazugeben und den Salat mit Parmesan, Petersilie und Pfeffer bestreuen.

TIPP: Salatköpfe unten anschneiden und aufrecht in eine Schüssel mit Wasser stellen, wie Blumen. So bleiben sie länger frisch. Im Kühlschrank aufbewahren.

KAROTTENSALAT
MAISSALAT
BROKKOLISALAT
ANANAS-SALSA

KAROTTEN-SALAT 4 PERSONEN

400 g Karotten

DRESSING
3 EL Rapsöl
2 Knoblauchzehen, abgezogen und in dünne Scheiben geschnitten
1 ½ TL Kreuzkümmelsamen
½ TL Chilipulver
½ TL gemahlener Koriander
1 TL Salz
1 TL Zucker
100 ml frisch gepresster Zitronensaft
1 Bund Koriander (oder glatte Petersilie)

Die Karotten schälen und in feine Streifen schneiden. Das Öl in einer Pfanne erhitzen. Den Knoblauch und die Gewürze darin bei mittlerer Temperatur 1 Minute anrösten. Salz, Zucker, Zitronensaft und 50 ml Wasser dazugeben. Unter Rühren 1–2 Minuten köcheln lassen, dann abschmecken. Die heiße Marinade über die Karotten gießen und den Salat gut durchmischen. Im Kühlschrank mindestens 1 Stunde (oder über Nacht) ziehen lassen. Vor dem Servieren den Koriander hacken und unterheben.

BROKKOLI-SALAT 4 PERSONEN

300 g Brokkoli
1 TL Salzflocken
3 EL Olivenöl
1 rote Chilischote, entkernt und gehackt
1 unbehandelte Zitrone

Den Brokkoli putzen und in dünne Scheiben schneiden oder hobeln. Mit den Salzflocken bestreuen und durchkneten, damit er weich wird. Olivenöl und Chili in eine Schüssel geben. Die Schale der Zitrone dazureiben (oder mit einem Zestenreißer abziehen). Den Brokkoli hinzufügen und den Salat gut durchmischen.

MAISSALAT 4 PERSONEN

2 Maiskolben
1 eingelegte Jalapeño-Chilischote, fein gehackt
3 EL gesalzene Erdnusskerne, gehackt
50 g Halloumi, grob gerieben
1 TL Chiliflocken

Die Maiskolben auf dem Grill oder in einer Grillpfanne rösten, dann die Körner mit einem scharfen Messer von den Kolben schneiden und in eine Schüssel geben. Mit den restlichen Zutaten mischen.

ANANAS-SALSA 4 PERSONEN

½ Ananas, geschält und gewürfelt
3 EL gehackte Kräuter (z. B. Minze, glatte Petersilie, Koriander)
1 rote Jalapeño-Chilischote, fein gehackt
2 EL Honig
2 EL frisch gepresster Limettensaft

Ananas, Kräuter und Chili in eine Schüssel geben. Den Honig mit dem Limettensaft verrühren und unterziehen.

30 Ελλάδα

GRIECHISCHER SALAT FÜR ZWEI

1 Eisbergsalat
1 Gurke
1 rote oder grüne Paprikaschote
1 rote Zwiebel
1 große Fleischtomate
20 schwarze Oliven
1 Handvoll Petersilienblätter
200 g Feta
getrockneter Oregano

ZUM SERVIEREN

1 Zitrone, halbiert
Olivenöl
Rotweinessig

- Den Eisbergsalat putzen und in Stücke schneiden. Die Gurke halbieren, dann in Scheiben schneiden. Die Paprikaschote entkernen und in Ringe schneiden. Die Zwiebel abziehen und in Ringe schneiden. Die Tomate in Spalten schneiden.
- Alles mit den Oliven und der Petersilie in einer Schüssel mischen. Den Feta darauflegen und mit Oregano bestreuen. Mit den Zitronenhälften, Öl und Essig servieren.

FATOUSH 2 PERSONEN

1 Pitabrot
2 EL Olivenöl
4 Romanasalatherzen
200 g Cocktailtomaten
4 Snackgurken
4 Frühlingszwiebeln
2 Handvoll Petersilienblätter
1 Handvoll Minzeblätter
1 Handvoll Granatapfelkerne

DRESSING
1 EL gemahlener Sumach
3 EL frisch gepresster Zitronensaft
2 EL Granatapfelsirup
100 ml Olivenöl
2 Knoblauchzehen, abgezogen und durchgepresst
Salz

- Mit dem Dressing beginnen: Den Sumach in einer Schüssel mit 2 EL heißem Wasser verrühren und 15 Minuten stehen lassen. Zitronensaft, Granatapfelsirup und Öl unterrühren. Den Knoblauch dazugeben und das Dressing mit Salz abschmecken.
- Den Backofen auf 200 °C vorheizen. Das Brot mit dem Öl einpinseln und direkt auf einem mit Backpapier ausgelegten Backblech in kleine Stücke schneiden. Die Brotstücke auf dem Blech verteilen und im Ofen auf mittlerer Schiene etwa 5 Minuten rösten. Dabei aufpassen, dass sie nicht verbrennen. Abkühlen lassen.
- Die Salatherzen in Streifen schneiden. Die Tomaten halbieren, die Gurken in Stücke schneiden. Die Frühlingszwiebeln putzen und in Röllchen schneiden. Einige Kräuterblätter zum Garnieren beiseitelegen, die übrigen grob hacken. Das Ganze auf eine Servierplatte geben und mit den abgekühlten Brotstücken mischen. Die Hälfte des Dressings über den Salat träufeln und alles gut mischen. Mit der restlichen Petersilie und Minze sowie den Granatapfelkernen bestreuen. Das übrige Dressing separat servieren.

Knuspriges Pitabrot und Sumach machen diesen Salat so unwiderstehlich!

PANZANELLA – TOMATENSALAT MIT GERÖSTETEM BROT 4 PERSONEN

1 große rote Paprikaschote (oder 2 kleine)
4 Scheiben helles Sauerteigbrot
6 EL Olivenöl
2 Knoblauchzehen, abgezogen und durchgepresst
500 g reife Tomaten in verschiedenen Farben
2 Schalotten
1 EL frisch gepresster Zitronensaft
2 EL Rotweinessig
½ Bund Basilikum, grob gehackt
Salzflocken und frisch gemahlener schwarzer Pfeffer

- Den Backofengrill vorheizen.
- Die Paprikaschoten halbieren und entkernen. Die Paprikahälften und die Brotscheiben mit der Hälfte des Öls einpinseln, auf einem Backblech verteilen und im Ofen grillen, bis das Brot knusprig ist. Nach dem Abkühlen die Brotscheiben mit Knoblauch einreiben und in kleine Stücke brechen. Die Paprikaschoten in Streifen schneiden.
- Die Tomaten in Spalten schneiden. Die Schalotten abziehen und in feine Streifen schneiden.
- Tomaten, Schalotten, Brot und Paprika auf einer Servierplatte anrichten. Den Zitronensaft mit dem Essig verrühren und über den Salat träufeln.
- Das restliche Öl mit dem Basilikum mischen und auf dem Salat verteilen. Den Salat vor dem Servieren mit Salzflocken und Pfeffer bestreuen.

TIPP: Am allerbesten schmeckt Panzanella im Sommer, wenn die heimischen Tomaten reif sind. Man kann den Salat frisch zubereitet servieren, dann ist das Brot noch leicht knusprig, oder man lässt ihn 1–2 Stunden stehen, bis er gut durchgezogen ist.

TOMATEN-SALSA 4 PERSONEN

2 Fleischtomaten
1 TL Zucker
3 EL Olivenöl
1 EL geriebener Meerrettich
Salzflocken
Selleriesalz
Worcestersauce
Tabasco

Die Tomaten grob reiben, dann mit Zucker und Öl verrühren. Den Meerrettich untermischen. Die Salsa vor dem Servieren mit Salzflocken, Selleriesalz, Worcestersauce und Tabasco abschmecken.

OLIVEN-SALSA 4 PERSONEN

150 g schwarze Oliven ohne Kern, abgetropft und fein gehackt
6 sonnengetrocknete Tomaten in Kräuteröl, fein gehackt
½ rote Zwiebel, abgezogen und fein gehackt
2 Knoblauchzehen, abgezogen und durchgepresst
½ Bund Basilikum, fein gehackt
3 EL Kräuteröl von den Tomaten

Oliven, Tomaten, Zwiebel, Knoblauch und Basilikum in eine Schüssel geben und mit dem Öl verrühren.

SALSA VERDE MIT ZITRONE UND ORANGE 4 PERSONEN

1 Bund Koriander, fein gehackt
1 Bund glatte Petersilie, fein gehackt
1 Bund Basilikum, fein gehackt
1 Knoblauchzehe, abgezogen und durchgepresst
1 unbehandelte Zitrone
1 unbehandelte Orange
100 ml Olivenöl
Salzflocken, Kreuzkümmel

Die Kräuter mit dem Knoblauch in eine Schüssel geben. Die Zitronen- und Orangenschale hineinreiben und je 3 EL Saft dazupressen. Das Öl unterrühren, die Salsa mit Salzflocken und Kreuzkümmel würzen.

GRÜNE PICO DE GALLO 4 PERSONEN

400 g kleine grüne Tomaten
1 weiße Zwiebel
1 grüne Chilischote
1 Bund Koriander
frisch gepresster Saft von 1 Limette
3 EL Olivenöl
Salz

Die Tomaten in kleine Stücke schneiden. Die Zwiebel abziehen und fein hacken. Die Chilischote halbieren, entkernen und fein hacken. Den Koriander hacken. Alles in eine Schüssel geben und mit dem Limettensaft und dem Öl verrühren. Mit Salz abschmecken.

TOMATENSALSA
GRÜNE PICO DE GALLO
SALSA VERDE MIT ZITRONE UND ORANGE
OLIVENSALSA
TEX-MEX-BOHNENSALAT
TKEMALI – GEORGISCHE RHABARBERSAUCE

TEX-MEX-BOHNEN-SALAT 4 PERSONEN

1 rote Paprikaschote, fein gehackt
1 Zwiebel, abgezogen und gehackt
1 Tomate, fein gewürfelt
1 Jalapeño-Chilischote, fein gehackt
1 Avocado, grob zerdrückt
1 EL Rotweinessig
2 EL frisch gepresster Limettensaft
3 EL Olivenöl
je 1 Dose große weiße Bohnen und Kidneybohnen (à 400 g), abgespült und abgetropft
1 Bund Koriander, fein gehackt
Salz und frisch gemahlener Pfeffer

Paprika, Zwiebel, Tomate, Jalapeño und Avocado in eine Schüssel geben. Mit Essig, Limettensaft und Öl beträufeln und alles gut mischen. Die Bohnen und den Koriander unterziehen. Den Salat mit Salz und Pfeffer abschmecken.

TKEMALI – GEORGISCHE RHABARBER-SAUCE 4 PERSONEN

300 g Rhabarber, abgezogen und in Stücke geschnitten
1 Handvoll fein gehackter Koriander
1 Knoblauchzehe, abgezogen und durchgepresst
Salz, Zucker, Chilipulver und Zitronensaft nach Geschmack

Den Rhabarber mit 100 ml Wasser in einen kleinen Topf geben und kochen, bis der Rhabarber weich ist. Abkühlen lassen und mit dem Stabmixer glatt pürieren. Den Koriander und den Knoblauch dazugeben. Die Salsa mit Salz, Zucker, Chilipulver und Zitronensaft abschmecken.

WARMER ZIEGENKÄSEDIP

3–4 PERSONEN

200 g Ziegenfrischkäse
200 g Doppelrahmfrischkäse (z. B. Philadelphia)
3 EL Schlagsahne
1 EL Butter oder Öl für die Form

ZUM SERVIEREN
1 EL gehackte glatte Petersilie
rosa Pfefferbeeren
geröstetes Brot

- Den Backofen auf 200 °C vorheizen. Die Käse in eine Schüssel geben und mit der Sahne glatt rühren. In eine gefettete ofenfeste Form füllen und 20–30 Minuten backen, bis die Oberfläche leicht gebräunt ist.
- Mit Petersilie und grob zerstoßenen rosa Pfefferbeeren bestreuen. Den Dip mit geröstetem Brot servieren.

SOMMERSALAT À LA TABOULÉ

4 PERSONEN

4 EL feiner Bulgur
250 g Kirschtomaten
1 großes Bund glatte Petersilie, fein gehackt
2–3 Stängel Minze, gehackt, plus Minzeblätter zum Garnieren
4 EL frisch gepresster Zitronensaft
3 EL Olivenöl

- Den Bulgur nach Packungsangabe einweichen und ausdrücken.
- Die Tomaten vierteln.
- Den Bulgur in einer großen Salatschüssel mit der Petersilie und der Minze mischen. Mit Zitronensaft und Öl beträufeln und gut durchheben. Die Tomaten unterheben. Den Salat vor dem Servieren für etwa 30 Minuten kalt stellen.

Dieses Rezept ist von Taboulé inspiriert, einem Petersiliensalat mit Bulgur aus dem Nahen Osten.

GEGRILLTER MAIS MIT MISOBUTTER

4 PERSONEN

4 Maiskolben mit Hüllblättern
125 g weiche Butter
3 EL Misopaste
¼ TL Chiliflocken
Salzflocken

- Sehr zarter Mais: Die Hüllblätter nicht entfernen, sie schützen die zarten Körner. Die Maiskolben auf dem Grill oder in einer Grillpfanne etwa 30 Minuten rösten, ab und zu wenden.
- Frischer Mais: Die Hüllblätter öffnen und zurückschlagen, eventuell mit einen Blattstreifen zusammenbinden. Die Fäden entfernen. Die Maiskolben auf dem Grill oder in einer Grillpfanne etwa 30 Minuten rösten, ab und zu wenden.
- Älterer Mais: Die Maiskolben etwa 25 Minuten in einem Topf mit Wasser vorgaren, bis die Körner weich sind. Abtropfen lassen und mit Küchenpapier trocken tupfen. Dann in etwa 10 Minuten goldbraun grillen.
- Die Butter mit dem elektrischen Handrührgerät aufschlagen. Die Misopaste untermischen, die Butter mit den Chiliflocken würzen.
- Die gegrillten Maiskolben mit ⅓ der Butter bestreichen und mit Salzflocken bestreuen. Die restliche Butter separat servieren.

IN BUTTER GESCHWENKTES FRÜHGEMÜSE

3-4 PERSONEN

700 g Frühkartoffeln
1 Bund Radieschen
2-3 rote Zwiebeln
4 Bundkarotten
12 Zuckerschoten
3-4 EL Butter
Salzflocken und frisch gemahlener schwarzer Pfeffer

- Die Kartoffeln gründlich waschen und abbürsten. In leicht gesalzenem Wasser etwa 15 Minuten kochen. Abgießen, abkühlen lassen und halbieren.
- Die Radieschen putzen und halbieren, dabei ein paar zarte Blätter stehen lassen. Die Zwiebeln abziehen und in Spalten schneiden. Die Karotten schälen und längs halbieren, dabei den Blattansatz stehen lassen.
- Zwiebeln, Karotten und Zuckerschoten in leicht gesalzenem Wasser 3 Minuten blanchieren, dann in ein Sieb abgießen.
- Die Kartoffeln in einer Pfanne in der Butter etwa 5 Minuten erhitzen. Zwiebeln und Karotten dazugeben und 3 Minuten durchschwenken. Radieschen und Zuckerschoten hinzufügen und alles noch 1 Minute erhitzen.
- Das Gemüse auf eine Platte geben und vor dem Servieren mit Salzflocken und Pfeffer bestreuen.

Zartes junges Gemüse und Butter – eine perfekte Kombination!

SARDELLEN-SCHNITTLAUCH-BUTTER 4 PERSONEN

150 g weiche Butter
3 Sardellenfilets, fein gehackt
1 Bund Schnittlauch, fein gehackt
2 Knoblauchzehen, abgezogen und fein gerieben
frisch gemahlener schwarzer Pfeffer

Die Butter und die Sardellen in die Rührschüssel der Küchenmaschine geben. Mit dem Schneebesen aufschlagen. Schnittlauch und Knoblauch von Hand unterrühren. Mit Pfeffer abschmecken.

OLIVENBUTTER

4 PERSONEN

150 g weiche Butter
2 Knoblauchzehen, abgezogen und fein gerieben
2 EL fein gehacktes Basilikum (oder Petersilie)
125 g schwarze Oliven ohne Stein, fein gehackt

Die Butter in der Küchenmaschine mit dem Schneebesen etwa 1 Minuten aufschlagen. Den Knoblauch unterrühren. Basilikum und Oliven von Hand unterziehen.

PARMESAN-BUTTER 4 PERSONEN

150 g weiche Butter
½ TL Salz
2 Knoblauchzehen, abgezogen und fein gerieben
abgeriebene Schale von 1 unbehandelten Zitrone
120 g Parmesan, gerieben
2 EL fein gehackte glatte Petersilie
1 TL Chiliflocken

Die Butter mit dem Salz, dem Knoblauch und der Zitronenschale in die Küchenmaschine geben und mit dem Schneebesen aufschlagen. Parmesan, Petersilie und Chiliflocken von Hand unterrühren.

Gibt es etwas Besseres zu gegrilltem Fleisch, Fisch oder Gemüse als einen Klecks aromatisierte Butter?

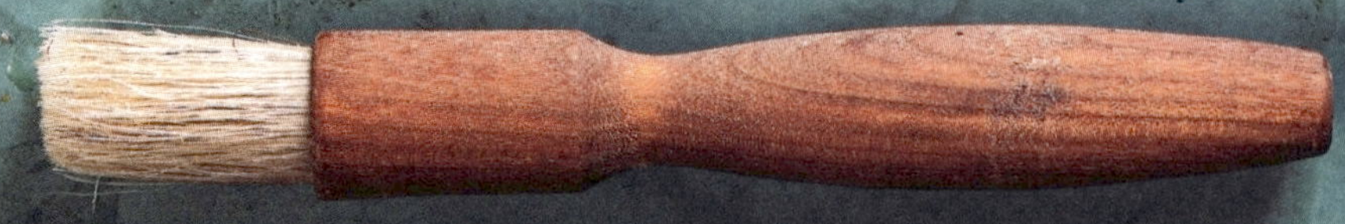

OLIVENBUTTER
Smör
SARDELLEN-SCHNITTLAUCH-BUTTER
PARMESANBUTTER

GERÖSTETER BLUMENKOHL MIT PARMESANBUTTER

4 PERSONEN

1 Rezeptmenge Parmesanbutter (siehe Seite 28)
1 großer Blumenkohl (etwa 750 g)
3 EL Olivenöl
1 TL Salzflocken

- Die Parmesanbutter zubereiten wie auf Seite 28 beschrieben.
- Den Backofen auf 200 °C vorheizen.
- Den Blumenkohl putzen, aber die Blätter nicht entfernen. In dicke Scheiben schneiden und auf einem mit Backpapier ausgelegten Backblech verteilen. Mit dem Öl beträufeln und mit den Salzflocken bestreuen. Das Blech auf mittlerer Schiene in den Backofen schieben und den Blumenkohl 30–40 Minuten rösten, dabei ab und zu wenden. Er ist fertig, wenn er sich mit einem Spieß oder einer Gabel leicht einstechen lässt.
- Den Backofengrill einschalten und den Blumenkohl weitere 10 Minuten bräunen.
- Mit der zimmerwarmen Parmesanbutter servieren.

KARTOFFELPÄCKCHEN MIT BRAUNER BUTTER

4 PERSONEN

16 gegarte Frühkartoffeln (siehe Seite 69)
1 Bund grüner Spargel, gegart
1 Bund Radieschen
50 g Butter
1 EL Thymianblätter
Salz und frisch gemahlener schwarzer Pfeffer

ZUM SERVIEREN

1 Rezeptmenge eingelegte Zwiebeln (siehe Seite 42)
Thymianzweige
Zitronenspalten

- Die eingelegten Zwiebeln zubereiten wie auf Seite 42 beschrieben.
- Den Backofen auf 200 °C vorheizen. Die Kartoffeln halbieren, den Spargel in Stücke schneiden, die Radieschen putzen und halbieren. In einer Pfanne die Butter erhitzen, bis sie braun wird. Die Pfanne vom Herd nehmen, das Gemüse und den Thymian hineingeben. Salzen und pfeffern.
- Vier Stücke Backpapier an den Enden zusammendrehen. Das Gemüse mit der Butter auf die Päckchen verteilen. Im Ofen etwa 15 Minuten backen.
- Mit eingelegten Zwiebeln und Thymian garnieren. Mit Zitronenspalten servieren.

LIGURISCHES PESTO
PFIFFERLINGS-
PESTO
PAPRIKAPESTO

LIGURISCHES PESTO 4 PERSONEN

2 Bund Basilikum
2 Knoblauchzehen
75 g Pinienkerne, geröstet
200 ml Olivenöl
75 g Parmesan, gerieben
Salz und frisch gemahlener schwarzer Pfeffer

Das Basilikum grob hacken. Die Knoblauchzehen abziehen und zusammen mit den Pinienkernen im Mörser oder in der Küchenmaschine mit dem Messeraufsatz zerkleinern. Das Basilikum dazugeben und alles fein pürieren, dabei das Öl hinzufügen. Zum Schluss von Hand den Parmesan unterrühren. Das Pesto mit Salz und Pfeffer abschmecken

PAPRIKA-PESTO 4 PERSONEN

2 Knoblauchzehen, abgezogen
100 g gegrillte rote Paprikaschoten
75 g Walnusskerne
100 ml Olivenöl
75 g Parmesan, gerieben
Salzflocken

Knoblauch, Paprika und Walnüsse in der Küchenmaschine mit dem Messeraufsatz zerkleinern, dabei das Öl hinzufügen. Zum Schluss von Hand den Parmesan unterrühren. Mit Salz abschmecken.

PFIFFERLINGS-PESTO 4 PERSONEN

250 g Pfifferlinge
150 ml Olivenöl
1 Bund Basilikum, grob gehackt
Salz und frisch gemahlener schwarzer Pfeffer
50 g Haselnusskerne, geröstet und gehackt
120 g Parmesan, gerieben

Die Pfifferlinge putzen, falls nötig in Stücke schneiden. In einer Pfanne 3 EL Öl erhitzen und die Pilze darin etwa 15 Minuten braten. Das Basilikum dazugeben und unter Rühren etwa 1 Minute mitgaren. Salzen und pfeffern.
Die Pilze (etwa 1 EL Pilzstücke zum Garnieren aufheben) und die Haselnusskerne in der Küchenmaschine mit dem Messeraufsatz in kurzen Intervallen zerkleinern. Zum Schluss von Hand den Parmesan unterrühren. Das restliche Öl nach und nach dazugeben. Das Pesto abschmecken und mit den restlichen Pilzen garnieren.

TIPP: Sie sind zum Grillen eingeladen? Ein Glas selbst gemachtes Pesto ist als Gastgeschenk immer willkommen.

FLADENBROT MIT HUMMUS UND SPARGEL

2-4 PERSONEN

1 Packung Pizzateig aus dem Kühlregal

CHILIÖL
3 EL Olivenöl
1 milde rote Chilischote, fein gehackt
½ Bund Basilikum, fein gehackt

TOPPING
250 g grüner Spargel
1 Bund Frühlingszwiebeln
300 g Grillkäse (z. B. Halloumi)
Öl zum Einpinseln
1 Rezeptmenge Hummus (siehe Seite 53)

ZUM SERVIEREN
1 unbehandelte Zitrone
Basilikumblätter
Salzflocken

- Das Hummus zubereiten wie auf Seite 53 beschrieben.
- Den Backofen auf 250 °C vorheizen. Für das Fladenbrot den Teig auf der bemehlten Arbeitsfläche zu einem Rechteck ausrollen, etwa 25 × 35 cm. Auf ein mit Backpapier bedecktes Blech legen und im Ofen auf mittlerer Schiene etwa 15 Minuten backen.
- Für das Chiliöl das Öl mit Chili und Basilikum verrühren.
- Den Spargel putzen. Die Frühlingszwiebeln putzen und längs halbieren. Den Käse in Scheiben schneiden. Alles mit Öl einpinseln und auf dem Grill oder in einer Grillpfanne 3–5 Minuten rösten, ab und zu wenden.
- Das Fladenbrot kurz abkühlen lassen, dann mit Hummus bestreichen. Das gegrillte Gemüse und den Käse darauf anrichten und mit Chiliöl beträufeln. Die Zitronenschale darüberreiben und alles mit Basilikum und Salzflocken bestreuen.

Das Chiliöl bringt hier etwas Schärfe ins Spiel, und der Grillkäse sorgt für eine salzige Note.

BRIOCHEBRÖTCHEN FÜR HAMBURGER

6-8 BRÖTCHEN

50 g Butter
¼ Würfel Hefe
1 ½ EL Zucker
1 TL Salz
3 EL Milchpulver
360 g Weizenmehl Type 550, plus Mehl zum Verarbeiten
1 TL Backpulver
1 Ei, verquirlt

ZUM BESTREUEN
Mohnsamen, Sesamsamen, Salzflocken

- Die Butter würfeln und bei Zimmertemperatur etwa 30 Minuten stehen lassen.
- Die Hefe in die Rührschüssel der Küchenmaschine krümeln. 300 ml lauwarmes Wasser (37 °C), den Zucker, das Salz und das Milchpulver dazugeben. Etwa 240 g Mehl untermischen. Den Teig in der Maschine etwa 10 Minuten kneten. Mit einem Geschirrtuch abdecken etwa 1 ½ Stunden gehen lassen.
- Weitere 90 g Mehl mit dem Backpulver mischen und zusammen mit der Butter in den Teig einarbeiten, bis er geschmeidig ist. Das restliche Mehl nach Bedarf unterkneten.
- Den Backofen auf 225 °C vorheizen.
- Den Teig auf der bemehlten Arbeitsfläche in sechs große oder acht kleinere Portionen teilen. Zu Kugeln formen und auf einem mit Backpapier ausgelegten Backblech verteilen. Mit einem Geschirrtuch bedecken und noch etwa 15 Minuten gehen lassen.
- Die Kugeln leicht flach drücken, dann mit verquirltem Ei bepinseln und mit Mohn, Sesam oder Salzflocken bestreuen. Die Brötchen im Ofen auf mittlerer Schiene 12-15 Minuten backen. Auf einem Gitter unter einem Geschirrtuch abkühlen lassen.

KIMCHI 1 LITER

1,5 kg Chinakohl
1 Karotte
175 g Salz
2 EL Reismehl
1 EL Zucker
2 EL geriebener Ingwer
2 EL geriebener Knoblauch
1 Zwiebel, abgezogen und grob gerieben
125 ml Fischsauce
100–150 ml Gochujang (koreanische Chilipaste, erhältlich im Asialaden)

Den Chinakohl putzen, die Blätter ablösen, in grobe Stücke schneiden und in eine Schüssel legen. Die Karotte schälen, in feine Streifen schneiden und dazugeben. Das Gemüse mit dem Salz bestreuen und mischen. Zugedeckt etwa 1 ½ Stunden stehen lassen.
Das Gemüse in ein Sieb geben und unter fließendem Wasser abspülen, dann zurück in die Schüssel legen. Ein Stück probieren und falls nötig nachsalzen.
In einem Topf 1,5 l Wasser mit dem Reismehl und dem Zucker verrühren und zu einer dicken Sauce aufkochen. Vom Herd nehmen und 30 Minuten abkühlen lassen. Ingwer, Knoblauch, Zwiebel, Fischsauce und Gochujang unterrühren.
Das Gemüse mit der Sauce vermischen. Sterilisierte Gläser zu ⅔ mit dem Kimchi füllen, den Deckel nur auflegen. Die Gläser in eine Form stellen (um austretende Gärflüssigkeit aufzufangen) und das Kimchi bei Zimmertemperatur etwa 2 Tage fermentieren. Vor dem Servieren etwa 2 Wochen im Kühlschrank reifen lassen.

ERDNUSS-SAUCE 4–5 PERSONEN

150 g Erdnussbutter
2 EL japanische Sojasauce
1 EL Ingwersaft (Fertigprodukt)
1 EL frisch gepresster Limettensaft
1 TL Muscovadozucker
1 Knoblauchzehe, abgezogen und fein gerieben
etwa ½ TL Chiliflocken

ZUM SERVIEREN
3–4 EL gesalzene Erdnusskerne, gehackt
½ Bund Koriander, gehackt

Die Erdnussbutter mit Sojasauce, Ingwersaft und Limettensaft verrühren.
Nach und nach etwa 100 ml Wasser dazugeben, bis die gewünschte Konsistenz erreicht ist.
Den Zucker, den Knoblauch und die Chiliflocken hinzufügen und unterrühren.
Die Sauce in eine Schüssel füllen und mit Erdnusskernen und gehacktem Koriander bestreuen.

Erdnusssauce ist bei Groß und Klein beliebt!

KIMCHI

TIPP: Das einfache Kimchi aus Chinakohl und Karotte lässt sich variieren, indem man fein geschnittene Frühlingszwiebeln, Äpfel und/oder Rettich untermischt. Das Kimchi muss eine Zeitlang reifen, aber das Warten lohnt sich!

ERDNUSS-SAUCE

KOKOS-DRESSING 150 ML

1 Bund Minze, fein gehackt
abgeriebene Schale und Saft von 1 unbehandelten Limette
100 ml Kokosmilch
1 rote Chilischote, entkernt und fein gehackt
Fischsauce

Minze, Limettenschale und Limettensaft, Kokosmilch und Chili verrühren. Das Dressing mit Fischsauce abschmecken.

CHIMI-CHURRI 4 PERSONEN

je 1 Bund Basilikum, glatte Petersilie und Koriander, fein gehackt
1 Knoblauchzehe, abgezogen und durchgepresst
abgeriebene Schale und Saft von 1 unbehandelten Zitrone
1 Chilischote, entkernt und fein gehackt
1 EL Weißweinessig
2 EL Olivenöl
1 TL flüssiger Honig
Salz und frisch gemahlener schwarzer Pfeffer

Die Zutaten verrühren und die Sauce mit Salz und Pfeffer abschmecken.

EINGELEGTE ZWIEBELN 3-4 PERSONEN

180 g Zucker
100 ml Weißweinessig
2 rote Zwiebeln, abgezogen und in Ringe geschnitten

Den Zucker mit dem Essig und 300 ml Wasser aufkochen. Abkühlen lassen. Die Zwiebeln in den Sud geben und mindestens 1 Stunde marinieren.

CREMIGE AVO-CADOSAUCE 150 ML

1 Avocado
3 EL frisch gepresster Zitronensaft
3 EL Olivenöl
2 Knoblauchzehen, abgezogen und fein gerieben
½ Bund Koriander, gehackt
Tabasco
Salzflocken

Die Avocado halbieren und entsteinen, das Fleisch in eine Schüssel geben und mit dem Stabmixer glatt pürieren. Den Zitronensaft und das Öl hinzufügen. Knoblauch und Koriander unterrühren, die Sauce mit Tabasco und Salz abschmecken.

TIPP: Der Koriander kann durch Petersilie ersetzt werden.

KOKOSDRESSING
EINGELEGTE
ZWIEBELN
CHIMICHURRI
CREMIGE AVOCADOSAUCE

WEISSES PESTO 3-4 PERSONEN

250 g Ricotta
150 g Parmesan, gerieben
20 g Walnusskerne, gehackt
2 Knoblauchzehen, abgezogen und durchgepresst
4 EL Olivenöl
Salzflocken
abgeriebene Schale von 1 unbehandelten Zitrone
Basilikumblätter
frisch gemahlener schwarzer Pfeffer

- Den Ricotta mit Parmesan, Walnusskernen und Knoblauch in der Küchenmaschine mit dem Messeraufsatz durchmixen. Das Öl nach und nach dazugeben, 1 EL zum Beträufeln aufheben.
- Das Pesto auf einem Teller verteilen. Mit der Zitronenschale bestreuen und mit Basilikumblättern garnieren. Das Pesto vor dem Servieren mit dem restlichen Öl beträufeln.

TIPP: Gut mit knusprigem Brot zum Dippen.

CAESAR-DRESSING 250 ML

8 Sardellenfilets
200 g Mayonnaise
1 TL Dijonsenf
1 Knoblauchzehe, abgezogen
und durchgepresst
frisch gepresster Saft von 1 Zitrone
1 TL Worcestersauce
40 g Parmesan, gerieben
Salz und frisch gemahlener
schwarzer Pfeffer

Die Sardellenfilets fein hacken und mit der Mayonnaise verrühren. Senf, Knoblauch, Zitronensaft und Worcestersauce unterrühren. Zum Schluss den Parmesan unterheben. Das Dressing mit Salz und Pfeffer abschmecken.

KAPERN-SENF-DRESSING 200 ML

3 EL Apfelessig
1 EL körniger Senf
3 EL Kapern
100 ml Olivenöl
1 TL Selleriesalz
2 Msp. scharfes Paprikapulver
Salz und frisch gemahlener
schwarzer Pfeffer

Die Zutaten verrühren, die Vinaigrette mit Salz und Pfeffer abschmecken.

CRÈME-FRAÎCHE-DRESSING 300 ML

150 g Mayonnaise
150 g Crème fraîche
2 TL Dijonsenf
1 Knoblauchzehe, abgezogen
und durchgepresst
1 TL Zwiebelpulver
1 rote Zwiebel, abgezogen
und in Streifen geschnitten
1 Bund Frühlingszwiebeln (oder Schnittlauch), in feine Röllchen geschnitten
Salz und frisch gemahlener schwarzer
Pfeffer

Mayonnaise und Crème fraîche in eine Schüssel geben, mit Senf, Knoblauch und Zwiebelpulver verrühren. Zwiebel und Frühlingszwiebeln untermischen. Das Dressing mit Salz und Pfeffer abschmecken.

KAPERN-SENF-DRESSING
CAESAR-DRESSING
CRÈME-FRAÎCHE-DRESSING

FRUCHTIGE ALLZWECK-SALSA

3-4 PERSONEN

1 Mango
1 Avocado
1 Papaya
1 Bund Frühlingszwiebeln
1 rote Chilischote
5-6 EL frisch gepresster Limettensaft
1 großes Bund Koriander, gehackt

- Die Mango schälen, das Fruchtfleisch in kleine Stücke schneiden.
- Die Avocado und die Papaya halbieren und entkernen. Das Fruchtfleisch fein würfeln.
- Die Frühlingszwiebeln putzen und in Röllchen schneiden. Die Chilischote entkernen und in dünne Ringe schneiden.
- Alles mit dem Limettensaft durchheben, dann den Koriander unterziehen.

TIPP: Die exotischen Früchte kann man auch durch Äpfel oder Pflaumen ersetzen.

FOCACCIA MIT GERÖSTETEN KIRSCHTOMATEN UND OLIVEN

1 FOCACCIA

100 g Kirschtomaten
1 EL Olivenöl
Salzflocken

TEIG
¼ Würfel frische Hefe
1 EL Zucker
1 TL Salz
1 EL Olivenöl, plus Öl zum Einfetten
120 g Hartweizenmehl
270 g Weizenmehl Type 550

TOPPING
12 marinierte Oliven
Salzflocken
Thymianzweige
1 EL Olivenöl

- Den Backofen auf 170 °C vorheizen.
- Die Tomaten halbieren und auf einem mit Backpapier ausgelegten Backblech verteilen. Die Tomaten mit dem Öl beträufeln und salzen. Im Backofen auf mittlerer Schiene etwa 30 Minuten rösten. Abkühlen lassen.
- Die Hefe und den Zucker in einer Schüssel mit 300 ml lauwarmem (37 °C) Wasser verrühren und etwa 15 Minuten gehen lassen, bis sich Bläschen bilden. Das Salz und das Öl unterrühren. Das Hartweizenmehl sowie die Hälfte des Weizenmehls untermischen.
- Das restliche Mehl nach und nach unterkneten – Sie brauchen vielleicht nicht alles, der Teig darf nicht zu fest werden. Den Teig von Hand etwa 10 Minuten kneten (oder 5 Minuten in der Küchenmaschine). Mit Frischhaltefolie abgedeckt etwa 1 Stunde gehen lassen.
- Den Teig auf ein mit Backpapier ausgelegtes tiefes Backblech geben, flach drücken und abgedeckt weitere 40 Minuten gehen lassen. Mit geölten Fingern Vertiefungen in den Teig drücken und mit Tomaten und Oliven füllen. Die Focaccia mit Salzflocken und Thymian bestreuen. Ohne Abdeckung weitere 20 Minuten gehen lassen. Währenddessen den Backofen auf 200 °C vorheizen.
- Die Focaccia auf mittlerer Schiene etwa 20 Minuten backen, bis sie eine schöne Farbe bekommen hat. Aus dem Ofen nehmen und mit Olivenöl beträufeln.

Das Geheimnis dieser feinen Focaccia ist der Belag aus gerösteten Kirschtomaten.

L'ECONOME

HUMMUS MIT TOMATEN-TOPPING

3-4 PERSONEN

1 Dose Kichererbsen (400 g), abgespült und abgetropft
1 Knoblauchzehe, abgezogen und durchgepresst
1 EL Tahini (Sesammus)
½ TL gemahlener Kreuzkümmel
½ TL gemahlener Koriander
3 EL Olivenöl
etwa 4 EL Milch
Salz und frisch gemahlener schwarzer Pfeffer

TOPPING
4-8 Knoblauchzehen
3 EL Olivenöl
125 g Kirschtomaten
Salz
1 EL flüssiger Honig
1 EL frisch gepresster Zitronensaft
2 EL gehackte glatte Petersilie

ZUM SERVIEREN
Chiliflocken

- Mit dem Topping beginnen: Die Knoblauchzehen (ungeschält) etwa 10 Minuten in dem Öl anschwitzen. Die Tomaten dazugeben und 10 Minuten mitbraten; salzen. Den Honig und den Zitronensaft hinzufügen und alles noch etwa 1 Minute erhitzen. Die Petersilie untermischen und das Topping zum Abkühlen beiseitestellen.
- Die Kichererbsen mit Knoblauch, Tahini, Kreuzkümmel, Koriander und Öl in der Küchenmaschine mit dem Messeraufsatz glatt pürieren. So viel Milch untermixen, bis die gewünschte Konsistenz erreicht ist. Das Hummus mit Salz, Pfeffer und falls nötig mehr Gewürzen abschmecken.
- Das Hummus auf einem Teller verteilen und die Tomaten darauf anrichten. Mit Chiliflocken bestreut servieren.

ROTWEIN-BUTTER 4 PERSONEN

2 Frühlingszwiebeln, fein gehackt
100 ml Rotwein
100 g weiche Butter
Salz und frisch gemahlener schwarzer Pfeffer

Die Frühlingszwiebeln in dem Rotwein köcheln lassen, bis der Wein verkocht ist. Abkühlen lassen. Die Butter in der Küchenmaschine mit dem Schneebesen etwa 1 Minute aufschlagen. Die Zwiebeln kurz unterrühren. Die Butter mit Salz und Pfeffer abschmecken.

KRÄUTER-KAVIAR-BUTTER 4 PERSONEN

150 g weiche Butter
1 Handvoll fein gehackte Kräuter (z. B. Schnittlauch, Kerbel, Petersilie, Dill)
2 EL roter Kaviar aus Seehasenrogen

Die Butter in der Küchenmaschine mit dem Schneebesen etwa 1 Minute aufschlagen. Die Kräuter dazugeben. Zum Schluss von Hand den Kaviar unterrühren.

MÂITRE-D'HÔTEL-BUTTER 4 PERSONEN

150 g weiche Butter
Salz
abgeriebene Schale und 1 TL ausgepresster Saft von 1 unbehandelten Zitrone
2 Knoblauchzehen, abgezogen und fein gerieben
½ TL fein gehackte rote Chilischote
3 EL fein gehackte glatte Petersilie

Die Butter und 1 Prise Salz in der Küchenmaschine mit dem Schneebesen etwa 1 Minute aufschlagen. Den Zitronensaft untermischen. Zitronenschale, Knoblauch, Chili und Petersilie dazugeben und alles gut verrühren.

TIPP: Die fertige Butter zu einer Rolle formen, in Butterbrotpapier wickeln und im Kühlschrank oder im Gefrierfach aufbewahren. Damit sind Sie jederzeit für einen sommerlichen Grillabend gerüstet.

ROTWEINBUTTER KRÄUTER-KAVIAR-BUTTER MÂITRE-D'HÔTEL-BUTTER

SELBST GEMACHTER KETCHUP 750 ML

1 Zwiebel
2 Knoblauchzehen
1 kleine Fenchelknolle
1 rote Chilischote
6 große Strauchtomaten
100 ml Olivenöl
100 g Tomatenmark
1 Dose gehackte Tomaten (400 g)
90 g Zucker
65 ml Rotweinessig
Salz und frisch gemahlener schwarzer Pfeffer

- Zwiebel und Knoblauch abziehen und fein hacken. Den Fenchel putzen und fein hacken. Die Chilischote halbieren, entkernen und fein hacken. Die Tomaten enthäuten und grob hacken.
- Das Öl in einem Schmortopf erhitzen. Zwiebel, Knoblauch, Fenchel und Chili darin 5–8 Minuten anschwitzen, dabei ab und zu umrühren. Das Tomatenmark dazugeben und 2–3 Minuten mit erhitzen. Die frischen Tomaten, die Dosentomaten sowie 300 ml Wasser in den Topf geben, Zucker und Essig hinzufügen und alles etwa 40 Minuten köcheln lassen. Mit Salz und Pfeffer würzen.
- Den Ketchup mit dem Stabmixer pürieren und bis zur gewünschten Konsistenz einkochen;abschmecken.

TIPP: Die frischen Tomaten verbessern eindeutig den Geschmack.

ZAZIKI MIT MARINIERTEN OLIVEN 3-4 PERSONEN

400 g Salatgurken
1 TL Salz
250 g griechischer Joghurt
2 Knoblauchzehen, abgezogen und fein gerieben
2 EL frisch gepresster Zitronensaft
2 EL Olivenöl

MARINIERTE OLIVEN

½ unbehandelte Zitrone
4 EL Olivenöl
1 EL abgezupfte Rosmarinnadeln
180 g Oliven

ZUM SERVIEREN

frisch gemahlener schwarzer Pfeffer
2 EL gehackte glatte Petersilie

- Mit den marinierten Oliven beginnen: Die Zitronenhälfte zuerst in dünne Scheiben, dann in kleine Segmente schneiden. Das Olivenöl in einer Pfanne erhitzen. Zitrone und Rosmarin darin 1 Minute anbraten. Die Oliven dazugeben und erhitzen. Zum Abkühlen beiseitestellen.
- Die Gurken streifig schälen, dann grob raspeln oder würfeln. Mit dem Salz in einer Schüssel mischen und etwa 10 Minuten stehen lassen. Die Gurken in ein Sieb geben und mit einem Löffel auspressen.
- Den Joghurt in einer Schüssel mit Knoblauch, Zitronensaft und Olivenöl verrühren. Die Gurken untermischen.
- Das Zaziki auf einem Teller verteilen und die marinierten Oliven darauf anrichten. Mit Pfeffer bestreuen und mit Petersilie garniert servieren.

ZERO-WASTE-PIE 4 PERSONEN

250 g Weizenmehl Type 450
125 g kalte Butter
1 Ei, verquirlt (oder 3-4 EL eiskaltes Wasser)
Salzflocken

FÜLLUNG
1 Zwiebel
1 Karotte
1 Kartoffel
1 Aubergine
1 Zucchini
2 Frühlingszwiebeln
10 Kirschtomaten
4 EL Olivenöl
Salz und frisch gemahlener schwarzer Pfeffer
2 EL geriebener Parmesan
150 g Gouda, gewürfelt
1 Ei
3 EL gehackte Kräuter

ZUM SERVIEREN
200 g griechischer Joghurt
1 Knoblauchzehe, abgezogen und fein gerieben
1 EL gehackte Petersilie

- Den Backofen auf 200 °C vorheizen.
- Das Mehl in eine Schüssel geben. Die in dünne Scheiben geschnittene Butter hinzufügen. Mit den Fingern zu Krümeln verreiben. Das Ei (oder das Wasser) hinzufügen und alles zu einem geschmeidigen Teig verarbeiten. Auf bemehltem Backpapier zu einem Rechteck von etwa 25 × 35 cm ausrollen und mit dem Papier auf ein Backblech legen.
- Die Zwiebel abziehen und hacken. Karotte und Kartoffel schälen, Aubergine und Zucchini putzen und alles würfeln. Die Frühlingszwiebeln putzen und hacken. Die Tomaten halbieren.
- Die Zwiebel in einer Pfanne in dem Öl 5 Minuten anschwitzen. Karotte und Kartoffel 5 Minuten mitbraten, dann Aubergine, Zucchini und Frühlingszwiebeln in die Pfanne geben und alles weitere 5 Minuten braten. Die Tomaten unterrühren, die Füllung abschmecken und abkühlen lassen. Dann den Parmesan, die Käsewürfel, das Ei und die Kräuter unter die Füllung rühren.
- Die Füllung auf den Teig geben, dabei rundherum einen Rand frei lassen. Diesen Rand über die Füllung schlagen, mit Wasser bepinseln und mit Salzflocken bestreuen.
- Die Pie etwa 35 Minuten backen. Den Joghurt mit dem Knoblauch und den Kräutern verrühren und zu der Pie servieren.

TIPP: Für die Füllung können Sie alles verwerten, was gerade weg muss – ob aus dem Kühlschrank oder aus dem Garten.

BESONDERS CREMIGES BABA GANOUSH

4 PERSONEN

2 Auberginen
3 EL Tahini (Sesammus)
4 EL Mayonnaise
3 EL gehackte glatte Petersilie (oder Koriander)
2 Knoblauchzehen, abgezogen und durchgepresst
Salz und frisch gemahlener schwarzer Pfeffer

ZUM SERVIEREN

2 EL Olivenöl
frische Kräuter und Blüten

Den Backofen auf 225 °C vorheizen.
Die Auberginen mit einer Gabel mehrmals einstechen und auf ein mit Backpapier bedecktes Backblech legen. Im Ofen auf mittlerer Schiene etwa 30 Minuten backen, bis sie weich sind.
Die Auberginen abkühlen lassen, dann halbieren und das Fruchtfleisch in die Küchenmaschine geben. Mit dem Messeraufsatz glatt pürieren. Das Tahini untermixen, dann die Mayonnaise hinzufügen. Petersilie oder Koriander sowie den Knoblauch unterrühren. Mit Salz und Pfeffer abschmecken.
Das Baba Ganoush auf einen Teller geben, mit Öl beträufeln und mit Kräutern und Blüten garniert servieren.

FETA-JOGHURT-DIP

4 PERSONEN

300 g Feta
300 g griechischer Joghurt
1 EL flüssiger Honig
1 EL Olivenöl

ZUM SERVIEREN

1 EL Olivenöl
frisch gemahlener schwarzer Pfeffer
Sauerklee (oder andere frische Kräuter)

Den Feta mit dem Joghurt in der Küchenmaschine mit dem Messeraufsatz glatt mixen. Den Honig und das Öl unterrühren. Die Creme auf einem Teller verteilen. Den Dip vor dem Servieren mit Olivenöl beträufeln und mit Kräuterblättern garnieren.

BESONDERS CREMIGES BABA GANOUSH

FETA-JOGHURT-DIP

EIN GANZ EINFACHER KRAUTSALAT 3-4 PERSONEN

1 Spitzkohl (oder Weißkohl, etwa 500 g)
1 große Karotte
1 Bund glatte Petersilie

DRESSING
200 g Mayonnaise
2 EL weißer Balsamicoessig
1 TL Zucker
Salz und frisch gemahlener schwarzer Pfeffer

Für das Dressing die Mayonnaise mit Essig und Zucker verrühren, mit Salz und Pfeffer abschmecken.
Den Kohl putzen, die Karotte schälen, die Petersilienblätter abzupfen. Alles in feine Streifen schneiden, in eine Schüssel geben und mit dem Dressing mischen.
Den Salat mit Frischhaltefolie abgedeckt 2-3 Stunden kalt stellen.

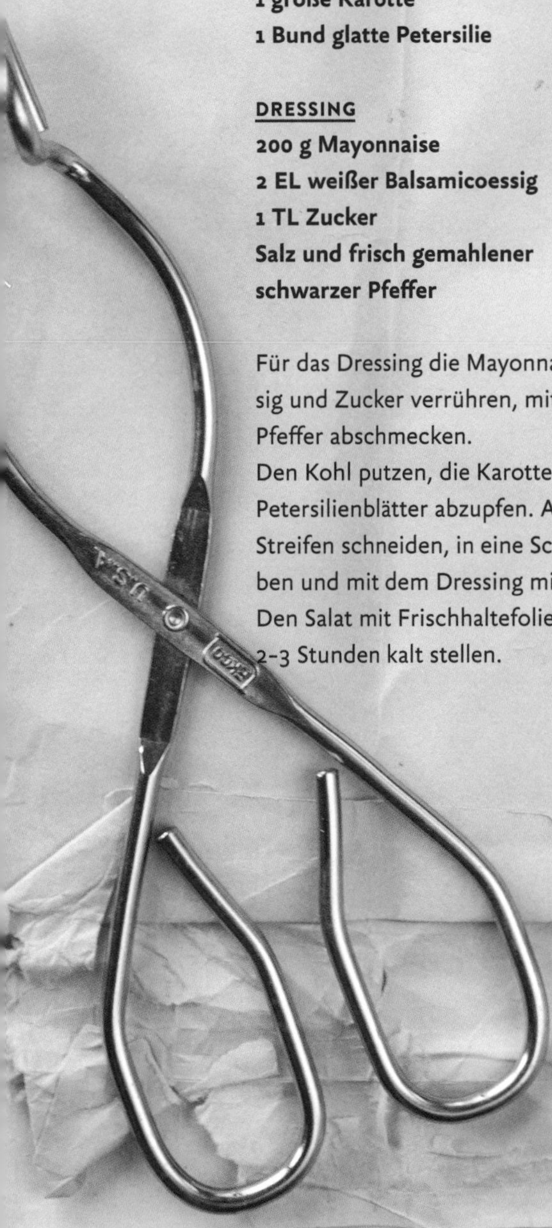

ASIA-KRAUTSALAT 3-4 PERSONEN

300 g Weißkohl
150 g Rotkohl
1 große Karotte
½ TL Salz

DRESSING
200 g Mayonnaise
2 EL Sesamöl
3 EL Mirin (süßer japanischer Reiswein, erhältlich im Asialaden)
frisch gepresster Saft von 1 Limette
1 EL fein geriebener Ingwer
1 Bund Koriander, gehackt

ZUM SERVIEREN
2 EL geröstete Sesamsamen

Weiß- und Rotkohl putzen, die Karotte schälen. Alles und in feine Streifen schneiden, in eine Schüssel geben und mit dem Salz mischen.
Die Zutaten für das Dressing verrühren. Das Gemüse mit dem Dressing vermischen. Den Salat vor dem Servieren mit Sesam bestreuen.

ASIA-KRAUTSALAT
EIN GANZ EINFACHER KRAUTSALAT

KIRSCHTOMATEN-TOPPING 4 PERSONEN

1 Zwiebel
2 Knoblauchzehen
1 Bund Thymian
250 g Kirschtomaten
4 EL Olivenöl
1 EL Kapern
2 EL Weißwein
1 TL Zucker
Salz und frisch gemahlener schwarzer Pfeffer
einige Stängel Koriander
Parmesanspäne

- Die Zwiebel und den Knoblauch abziehen und in Scheiben schneiden. Den Thymian hacken und die Tomaten halbieren.
- Die Hälfte des Öls in einer Pfanne erhitzen. Die Zwiebel und den Knoblauch darin etwa 3 Minuten anschwitzen. Den Thymian unterrühren, dann alles auf einen Teller geben. Die Tomaten in dem restlichen Öl etwa 5 Minuten braten, die Kapern hinzufügen.
- Die Zwiebelmischung zu den Tomaten in die Pfanne geben. Wein und Zucker hinzufügen, vorsichtig umrühren und alles mit Salz und Pfeffer abschmecken. Noch 1–2 Minuten köcheln lassen.
- Das Topping mit Koriander garnieren, den Parmesan getrennt in einer Schale servieren.

TIPP: Das Topping schmeckt auf geröstetem Brot, aber auch zu gegrilltem Lachs oder Hühnchen.

KARTOFFELSALAT MIT SPECK, PARMESAN UND CAESAR-DRESSING
KARTOFFELSALAT MIT KAPERNDRESSING
KARTOFFELSALAT MIT CRÈME-FRAÎCHE-DRESSING

NEUE KARTOFFELN 4 PERSONEN

800–1000 g Frühkartoffeln

Die Kartoffeln gründlich abbürsten (oder schälen). In leicht gesalzenem Wasser etwa 20 Minuten kochen, bis sie sich leicht einstechen lassen. Die Kartoffeln abgießen und ausdampfen lassen.

KARTOFFELSALAT MIT SPECK, PARMESAN UND CAESAR-DRESSING 4 PERSONEN

1 Rezeptmenge gegarte neue Kartoffeln
1 Rezept Caesar-Dressing (siehe Seite 46)
1 Handvoll gehackte Kräuter (z. B. Basilikum oder Petersilie)
100 g Räucherspeck in Scheiben, gebraten
40 g Parmesan, gerieben

Die abgekühlten Kartoffeln in Scheiben schneiden, dann vorsichtig mit dem Dressing und den Kräutern mischen. Mit den Speckscheiben und Parmesan bestreut servieren.

KARTOFFELSALAT MIT KAPERN-SENF-DRESSING 4 PERSONEN

1 Rezeptmenge gegarte neue Kartoffeln
1 Bund Radieschen
1 Rezeptmenge Kapern-Senf-Dressing (siehe Seite 46)
1 Bund Schnittlauch

Die abgekühlten Kartoffeln in Stücke schneiden. Die Radieschen putzen und halbieren. Den Schnittlauch in feine Röllchen schneiden. Kartoffeln und Radieschen mit der Vinaigrette mischen. Den Salat mit Schnittlauch bestreut servieren.

KARTOFFELSALAT MIT CRÈME-FRAÎCHE-DRESSING 4 PERSONEN

1 Rezeptmenge gegarte neue Kartoffeln
1 Rezeptmenge Crème-fraîche-Dressing (siehe Seite 46)

ZUM SERVIEREN

1–2 Handvoll Kartoffelchips

Beim Abgießen der Kartoffeln 4–5 EL Kochwasser abnehmen und mit dem Dressing verrühren. Die Kartoffeln mit einem Löffel flach drücken, sodass sie aufplatzen; abkühlen lassen. Die Kartoffeln mit dem Dressing mischen. Den Salat mit zerkrümelten Kartoffelchips anrichten.

GUACAMOLE MIT CHILI UND KNOBLAUCH 3-4 PERSONEN

2 reife Avocados
½ rote Chilischote, fein gehackt
1 Bund Koriander, gehackt
1 Knoblauchzehe, abgezogen und durchgepresst
frisch gepresster Saft von ½ Limette
Salz

Die Avocados halbieren und entkernen. Das Fruchtfleisch mit einem Löffel herauslösen und zerdrücken. Mit Chili, Koriander, Knoblauch und Limettensaft verrühren. Die Guacamole mit Salz abschmecken.

GEGRILLTE ZITRONEN 6 PERSONEN

3 unbehandelte Zitronen
50 g Zucker

Die Zitronen halbieren und die Schnittflächen in den Zucker drücken. Die Zitronenhälften auf dem Grill oder in einer Grillpfanne bei nicht zu hoher Temperatur rösten, bis der Zucker geschmolzen und gut gebräunt ist.

PIMIENTOS DE PADRÓN 4 PERSONEN

200 g Pimientos de Padrón
(kleine grüne milde Paprikaschoten)
2 EL Knoblauchöl
Salzflocken

Die Paprikaschoten mit einer Gabel einstechen und mit dem Öl mischen. In einer heißen Pfanne 5-8 Minuten braten, dabei ab und zu wenden. Mit Salzflocken bestreut servieren.

Diese Klassiker dürfen einfach nicht fehlen, wenn der Grill angeworfen wird.

GUACAMOLE MIT CHILI UND KNOBLAUCH

GEGRILLTE ZITRONEN

PIMIENTOS DE PADRÓN

ERDBEER-KIWI-SALAT 3-4 PERSONEN

500 g Erdbeeren
3 Kiwis
1 kleine rote Zwiebel
2 Jalapeño-Chilischoten
3-4 Stängel Minze, Blätter abgezupft
Salz und frisch gemahlener schwarzer Pfeffer

DRESSING
1 EL frisch gepresster Limettensaft
2 EL frisch gepresster Zitronensaft
2 EL flüssiger Honig
4 EL Mais- oder Rapsöl

- Die Erdbeeren putzen und halbieren. Die Kiwis schälen und in schmale Spalten schneiden. Die Zwiebel abziehen und in feine Streifen schneiden. Die Jalapeños entkernen und in Ringe schneiden.
- Früchte, Zwiebel, Chiliringe und Minze auf einer Servierplatte verteilen.
- Alle Zutaten für das Dressing verrühren.
- Den Salat mit dem Dressing übergießen, salzen und pfeffern.

Der Salat ist reich an Vitamin C. Zu den Früchten setzen das süßsaure Dressing und die Jalapeños einen interessanten Akzent.

CROSTINI MIT PFIFFERLINGEN UND BROMBEEREN

3-4 PERSONEN

1 kleines Baguette
50 g Butter

TOPPING
1 rote Zwiebel
1 EL Rapsöl
300 g kleine Pfifferlinge
3 EL Butter
Salz

ZUM SERVIEREN
125 g Brombeeren
Thymianblätter
Salzflocken und frisch gemahlener schwarzer Pfeffer

- Das Baguette in Scheiben schneiden. Von beiden Seiten buttern und in einer Pfanne bei mittlerer Temperatur goldbraun braten.
- Die Zwiebel abziehen und in Streifen schneiden. In dem Öl etwa 5 Minuten anschwitzen, dann auf einen Teller geben.
- Die Pfifferlinge putzen und in der Butter etwa 10 Minuten braten. Die Zwiebel zu den Pilzen geben. Salzen.
- Die Pilze auf den Brotscheiben verteilen. Die Crostini mit Brombeeren und Thymian garnieren, mit Salzflocken und Pfeffer bestreuen.

Der Herbst ist die richtige Zeit für diese Crostini - wer mag, kann dafür auch selbst gesammelte Pilze verwenden.

MARINIERTES GRILLGEMÜSE

4 PERSONEN

2 Paprikaschoten
1 Aubergine
1 Zucchini
1 weiße Zwiebel, abgezogen
4 EL Olivenöl
Salz und frisch gemahlener schwarzer Pfeffer
2 Knoblauchzehen, abgezogen und in Scheiben geschnitten
3 EL Zitronensaft, mit 1 ½ EL Wasser verrührt
2 EL gehackte glatte Petersilie

- Die Paprika halbieren und entkernen. Aubergine, Zucchini und Zwiebel in 1 cm dicke Scheiben schneiden.
- Das Gemüse mit Öl einpinseln und auf dem Grill oder in einer Grillpfanne von jeder Seite 1–3 Minuten grillen. Salzen und pfeffern.
- Das Gemüse auf eine Platte schichten, dabei Knoblauch und Zitronensaft zugeben.
- Mit Petersilie bestreuen und vor dem Servieren 1 Stunde durchziehen lassen.

NUDELSALAT MIT SOMMERGEMÜSE 4 PERSONEN

1 Rezeptmenge Senfvinaigrette, Asia- oder Ponzu-Dressing (siehe Seite 89)
500 g grüner Spargel
250 g grüne Bohnen
250 g tiefgekühlte Edamamebohnen
4 Portionen Reisnudeln
2-3 Stängel Minze und/oder Thaibasilikum

ZUM SERVIEREN
Limettenspalten
geröstete Sesamsamen

- Das Dressing zubereiten wie auf Seite 89 beschrieben.
- Von den Spargelstangen das holzige Ende abbrechen. Den Spargel in Stücke schneiden. Die grünen Bohnen putzen.
- Den Spargel in einem Topf mit kochendem Salzwasser 3-5 Minuten blanchieren, dann mit einer Schaumkelle auf eine Platte geben. Die grünen Bohnen in dem Spargelwasser ebenfalls 3-5 Minuten blanchieren, dann zu dem Spargel auf die Platte geben. Die Edamamebohnen nach Packungsangabe garen und ebenfalls auf die Platte geben.
- Spargel, Bohnen und Edamame mit der Hälfte des Dressings mischen und entweder 15 Minuten bei Zimmertemperatur, etwa 1 Stunde im Kühlschrank oder über Nacht marinieren.
- Die Nudeln nach Packungsangabe kochen und in einem Sieb abtropfen lassen.
- Die warmen Nudeln mit dem marinierten Gemüse auf einer großen Servierplatte mischen. Die abgezupften Kräuterblätter dazugeben. Den Salat mit Limettenspalten und Sesam garnieren. Das restliche Dressing getrennt dazu servieren.

Ein sättigender Salat, der lauwarm oder kalt serviert werden kann. Anstelle von Reisnudeln eignen sich Glasnudeln oder Buchweizennudeln.

HOT-DOG-BRÖTCHEN 12 BRÖTCHEN

50 g Butter
250 ml Milch
1 Ei, verquirlt
1 TL Salz
1 TL Zucker
¼ Würfel frische Hefe
375 g Weizenmehl Type 550, plus mehr zum Verarbeiten

ZUM BESTREUEN
Sesamsamen
Salzflocken

- Die Butter in einem Topf zerlassen. Vom Herd nehmen und die Milch unterrühren. Die Mischung in eine Schüssel gießen. Die Hälfte des verquirlten Eis, das Salz und den Zucker dazugeben. Alles auf 37 °C abkühlen lassen. Die Hefe in der Flüssigkeit auflösen.
- Das Mehl untermischen. Den Teig von Hand 10 Minuten kneten (mit der Küchenmaschine 5 Minuten); falls nötig, noch etwas Mehl dazugeben. Mit einem Geschirrtuch abgedeckt 45 Minuten gehen lassen.
- Den Teig halbieren. Auf der bemehlten Arbeitsfläche jede Portion zu einer Rolle formen und in sechs gleich große Stücke schneiden. Zu länglichen Brötchen formen.
- Den Backofen auf 250 °C vorheizen.
- Die Brötchen auf einem mit Backpapier ausgelegten Backblech verteilen, mit dem restlichen verquirlten Ei bepinseln und mit Sesam und Salzflocken bestreuen. Unbedeckt weitere 30 Minuten gehen lassen.
- Im Ofen auf mittlerer Schiene 8 Minuten backen. Auf einem Gitter mit einem Tuch bedeckt abkühlen lassen.

BATTY & C°s
PATENT
MUSTARD

ROTE BETE MIT SARDELLEN-DRESSING

2 PERSONEN

1 Rezeptmenge Sardellendressing (siehe Seite 89)
1 Bund kleine Rote Beten
150 g Salz

- Das Sardellendressing zubereiten wie auf Seite 89 beschrieben.
- Die Roten Beten gründlich waschen und abbürsten. In einen Topf 1,5 l Wasser und das Salz geben und unter Rühren aufkochen, bis das Salz aufgelöst ist. Die Roten Beten hineingeben und zugedeckt 30–50 Minuten garen, bis sie weich sind. Die Garzeit hängt von der Größe der Knollen ab: sie sind fertig, wenn sie sich mit einer Messerspitze leicht einstechen lassen. Das Wasser abgießen und die Roten Beten ausdampfen lassen, bis das Salz getrocknet ist.
- Die Roten Beten mit dem Sardellendressing servieren.

GERÖSTETE KIRSCHTOMATEN 4 PERSONEN

500 g Kirschtomaten
2 Zweige Rosmarin
1 TL Salzflocken
4 EL Olivenöl
2 Knoblauchzehen, abgezogen und durchgepresst
1 EL Zucker

- Den Backofen auf 175 °C vorheizen. Die Tomaten halbieren und mit der Schnittfläche nach oben auf einem mit Backpapier ausgelegten Backblech verteilen. Mit den abgezupften Rosmarinnadeln und den Salzflocken bestreuen.
- Das Öl mit dem Knoblauch verrühren und über die Tomaten träufeln.
- Die Tomaten im Ofen auf mittlerer Schiene etwa 60 Minuten rösten, nach 40 Minuten mit dem Zucker bestreuen.

NEUE KARTOFFELN MIT HASELNÜSSEN UND KRÄUTERN

4 PERSONEN

1 kg kleine Frühkartoffeln
Salz und frisch gemahlener schwarzer Pfeffer

ZUM SERVIEREN
1 Bund Schnittlauch
1 Bund Dill
2 Dillblüten
75 g Butter
Salz und frisch gemahlener schwarzer Pfeffer
50 g Haselnusskerne, geröstet und gehackt

- Die Kartoffeln gründlich waschen und abbürsten. In leicht gesalzenem Wasser 15–20 Minuten kochen, bis sie gar sind und sich mit einer Messerspitze leicht einstechen lassen. Die Kartoffeln abgießen und ausdampfen lassen, dann mit einem Löffel flach drücken, bis sie aufplatzen. Die Kartoffeln warm halten.
- Schnittlauch und Dill hacken. Die Dillblüten zerteilen.
- Die Butter in einer großen Pfanne erhitzen, bis sie hellbraun ist. Die Kartoffeln in die Pfanne geben und in der Butter schwenken. Salzen und pfeffern.
- Die Pfanne vom Herd nehmen und die Nüsse und die Hälfte der Kräuter unter die Kartoffeln mischen. Die Kartoffeln auf eine Platte geben und mit den restlichen Kräutern garniert servieren.

SENFVINAIGRETTE
PONZUDRESSING
ASIA-DRESSING
SARDELLENDRESSING

PONZU-DRESSING 200 ML

100 ml japanische Sojasauce
2 EL frisch gepresster Limettensaft
1 EL frisch gepresster Grapefruitsaft
2 EL Reisessig
2 EL Mirin (süßer japanischer Reiswein, erhältlich im Asialaden)
½ rote Chilischote, entkernt und in Ringe geschnitten
1 Knoblauchzehe, abgezogen und in Scheiben geschnitten

Alle Zutaten in einer Schüssel verrühren.

SENF-VINAIGRETTE 200 ML

je 1 EL Dijonsenf und körniger Senf
1 Knoblauchzehe, abgezogen und durchgepresst
2 EL Apfelessig
2 EL flüssiger Honig
150 ml Raps- oder Sonnenblumenöl
Salz und frisch gemahlener schwarzer Pfeffer

Senf, Knoblauch, Essig und Honig in einer Schüssel verrühren. Das Öl unter Rühren dazugeben. Mit Salz und Pfeffer würzen.

SARDELLEN-DRESSING 150 ML

1 EL Dijonsenf
2 Knoblauchzehen, abgezogen und durchgepresst
1 ½ TL Worcestersauce
frisch gepresster Saft von 1 Zitrone
150 ml Olivenöl
8 Sardellenfilets, gehackt
frisch gemahlener schwarzer Pfeffer

Senf, Knoblauch, Worcestersauce und Zitronensaft verrühren. Öl und Sardellen untermischen. Mit Pfeffer würzen.

ASIA-DRESSING 100 ML

2 EL flüssiger Honig
2 EL frisch gepresster Zitronensaft
1 EL Rotweinessig
1 EL Ingwersaft (Fertigprodukt)
1 TL Sesamöl
1 TL Chiliflocken

Alle Zutaten in einer Schüssel verrühren.

TIPP: Der Ingwersaft kann durch frisch geriebenen Ingwer ersetzt werden.

RUSSISCHER ROTE-BETE-SALAT 3-4 PERSONEN

2 große gekochte Rote Beten
1 große gekochte Karotte
1 gekochte Kartoffel
½ rote Zwiebel
2-3 Salzgurken
1 Dose große weiße Bohnen (400 g), abgespült und abgetropft
3 EL Sonnenblumenöl
100 g Sauerkraut, abgetropft
1 EL gehackte glatte Petersilie
Salz und, frisch gemahlener schwarzer Pfeffer
Kapernbeeren

Rote Beten, Karotte und Kartoffel schälen, die Zwiebel abziehen. Alles in Scheiben schneiden oder hobeln, dann in kleine Stücke schneiden und in eine Schüssel geben. Die Gurken in Scheiben schneiden und hinzufügen.
Die Bohnen und das Öl dazugeben und durchmischen. Das Sauerkraut und die Petersilie unterheben.
Den Salat mit Salz und Pfeffer abschmecken und mit Kapernbeeren garnieren.

TIPP: Für Abwechslung sorgen 3-4 EL Mayonnaise anstelle des Öls.

ROTE-BETE-DIP 3-4 PERSONEN

200 g Doppelrahmfrischkäse
1 Knoblauchzehe, abgezogen und durchgepresst
20 g Walnusskerne
1 große gekochte Rote Bete
Salz und frisch gemahlener schwarzer Pfeffer

Frischkäse, Knoblauch und Walnusskerne in der Küchenmaschine mit dem Messeraufsatz glatt mixen. Die Rote Bete schälen, grob reiben und untermixen. Den Dip mit Salz und Pfeffer abschmecken.

RUSSISCHER
ROTE-BETE-SALAT
ROTE-BETE-DIP

SOMMERTOMATEN CAPRESE

2-4 PERSONEN

500 g Kirschtomaten
4 EL Olivenöl
Salzflocken und frisch gemahlener schwarzer Pfeffer
½ Bund Basilikum
1 Kugel Mozzarella oder Burrata (125 g)

- Die Tomaten halbieren und auf eine Servierplatte geben. Mit dem Öl beträufeln, salzen und pfeffern, das Basilikum dazugeben. Die Tomaten mit Mozzarella oder Burrata servieren.

TIPP: Wird der Salat als Vorspeise serviert, reicht eine Kugel Mozzarella. Kommt er als Hauptgericht auf den Tisch, rechnet man eine halbe bis eine ganze Kugel pro Person.

JOGHURT-MARINADE 200 ML

200 g Joghurt
2 Knoblauchzehen, abgezogen und durchgepresst
1 EL geriebener Ingwer
½ TL gemahlener Kreuzkümmel
½ TL Zitronenpfeffer

Den Joghurt mit dem Knoblauch und dem Ingwer verrühren. Mit Kreuzkümmel und Zitronenpfeffer abschmecken.

BUFFALO-BBQ-MARINADE 200 ML

3 EL Rapsöl
2 Knoblauchzehen, abgezogen und fein gehackt
1 rote Chilischote, entkernt und fein gehackt
1 TL gemahlener Koriander
2 EL Tomatenmark
2 EL weißer Balsamicoessig
1 EL heller Sirup
1 EL Worcestersauce
2-3 Tropfen Tabasco
Salz und frisch gemahlener schwarzer Pfeffer

Das Öl in einer Pfanne erhitzen. Knoblauch und Chili darin 1 Minute anschwitzen. Koriander und Tomatenmark hinzufügen und 1 Minute mit erhitzen. 2 EL Wasser, den Essig und den Sirup in die Pfanne geben und aufkochen. Mit Worcestersauce, Tabasco, Salz und Pfeffer abschmecken.

ALLZWECK-MARINADE 200 ML

3 EL japanische Sojasauce
3 EL Apfelessig
2 Msp. Salz
3 EL Zucker
100 ml Olivenöl
3 Knoblauchzehen, abgezogen und durchgepresst
1 rote Chilischote, entkernt und fein gehackt
1 EL geriebener Ingwer
3 Zweige Thymian, Blätter fein gehackt
½ unbehandelte Zitrone

Die Sojasauce mit Essig, Salz und Zucker verrühren. Das Öl nach und nach unterrühren. Knoblauch, Chili, Ingwer und Thymian dazugeben. Die Zitrone zuerst in feine Scheiben, dann in Segmente schneiden und unterheben.

FISCH-MARINADE 200 ML

100 ml frisch gepresster Limettensaft
3 EL weißer Balsamicoessig
½ TL Salz
2 EL Zucker
4 Knoblauchzehen, abgezogen und fein gerieben
5 cm frische Kurkuma, fein gerieben
3 Frühlingszwiebeln, fein gehackt
1 rote Chilischote, fein gehackt
1 Jalapeño-Chilischote, fein gehackt
1 Zwiebel, abgezogen und fein gehackt
1 EL püriertes Zitronengras

Alle Zutaten in einer Schüssel verrühren.

JOGHURTMARINADE
FISCHMARINADE
BUFFALO-BBQ-MARINADE
MEERESFRÜCHTE-
MARINADE
ALLZWECK-
MARINADE
HÄHNCHENMARINADE

MEERESFRÜCHTE-MARINADE 200 ML

2 EL Muscovadosirup
(oder dunkler Rohrzuckersirup)
2 EL grober Senf
100 ml dickflüssige Chilisauce
3 TL japanische Sojasauce
2 TL Mango- oder weißer Balsamicoessig
1 EL Olivenöl
1 TL getrockneter Oregano
1 TL Salzflocken
1 TL Chiliflocken

Den Sirup mit den übrigen Zutaten verrühren. Die Marinade abschmecken.

HÄHNCHEN-MARINADE 200 ML

2 EL Muscovadosirup
(oder dunkler Rohrzuckersirup)
1 EL heller Sirup
100 ml Chilisauce
1 EL Senf
2 EL Apfelessig
1 TL edelsüßes Paprikapulver
1 TL Chilipulver
1 Msp. Cayennepfeffer
1 Zwiebel, abgezogen und fein gehackt
3 Knoblauchzehen, abgezogen
und fein gehackt
2 EL Olivenöl
1 EL Worcestersauce
2-3 Tropfen Tabasco

Sirup, Chilisauce, Senf, Essig, Paprikapulver, Chilipulver, Cayennepfeffer, Zwiebel, Knoblauch und Öl verrühren. Mit Worcestersauce und Tabasco abschmecken.

ZITRUS-MARINADE 200 ML

1 kleine unbehandelte Zitrone
1 unbehandelte Orange
1 Stück Lauch (etwa 10 cm)
3 kleine Schalotten, abgezogen
und in Scheiben geschnitten
2 Knoblauchzehen, abgezogen
und in Scheiben geschnitten
1 milde rote Chilischote, entkernt
und in Streifen geschnitten
1 kleines Bund Koriander, grob gehackt
2 Lorbeerblätter
100 ml Olivenöl
4 EL Weißwein
Salzflocken und frisch gemahlener
schwarzer Pfeffer

Von der Zitrone und der Orange die Schale dünn abziehen. Die Früchte halbieren und auspressen. Den Lauch einschneiden und in dünne Streifen schneiden. Alle Zutaten in eine Schüssel geben und verrühren. Mit Salz und Pfeffer abschmecken.

SCHASCHLIK MARINADE 200 ML

3 rote Zwiebeln, abgezogen
und in Ringe geschnitten
200 ml Rotwein
Thymianzweige (nach Belieben)
frisch gemahlener schwarzer Pfeffer

Die Zwiebeln in eine Schüssel geben und mit dem Rotwein übergießen. Den Thymian hinzufügen (falls verwendet) und die Marinade mit Pfeffer würzen.

ZITRUSMARINADE

SCHASCHLIKMARINADE

HALLOUMI MIT CHIMICHURRI 3-4 PERSONEN

500 g Halloumi
1 Rezeptmenge Chimichurri
(siehe Seite 42)

ZUM SERVIEREN
Kreuzkümmelsamen,
geröstet
Chiliflocken

- Das Chimichurri zubereiten wie auf Seite 42 beschrieben.
- Den Käse in etwa 1,5 cm dicke Scheiben schneiden. In eine rechteckige Schale geben und mit der Hälfte des Chimichurri beträufeln. Mit Frischhaltefolie abdecken und im Kühlschrank 1 Stunde marinieren.
- Den Käse auf dem vorgeheizten Grill oder in einer Grillpfanne von jeder Seite etwa 3 Minuten grillen. Die Käsescheiben auf einer Servierplatte anrichten und mit dem restlichen Chimichurri überziehen. Mit Kreuzkümmel und Chiliflocken bestreut servieren.

TIPP: Wer mag, bestreut den Halloumi vor dem Servieren mit Chiliringen. Im Ofen geröstete Kirschtomaten (siehe Seite 84) passen gut dazu.

RHODE-ISLAND-DRESSING

DRESSING MIT BLAUSCHIMMELKÄSE

RHODE-ISLAND-DRESSING 250 ML

150 g Sauerrahm
50 g Mayonnaise
50 ml dickflüssige Chilisauce (oder Chiliketchup)
1 TL Cognac
Salz und frisch gemahlener schwarzer Pfeffer
Chiliflocken oder Tabasco

Sauerrahm, Mayonnaise, Chilisauce und Cognac verrühren. Das Dressing mit Salz und Pfeffer sowie Chiliflocken oder Tabasco abschmecken.

DRESSING MIT BLAUSCHIMMELKÄSE 300 ML

100 g Mayonnaise
200 g Crème fraîche
1 EL frisch gepresster Zitronensaft
1 TL Worcestersauce
1 Knoblauchzehe, abgezogen und durchgepresst
75 g Blauschimmelkäse
Salz

Mayonnaise und Crème fraîche mit Zitronensaft, Worcestersauce und Knoblauch verrühren. Den Blauschimmelkäse dazukrümeln, vorsichtig untermischen und das Dressing mit Salz abschmecken.

NACHOS MIT CHEDDAR UND CREMIGER AVOCADO-SAUCE 3-4 PERSONEN

1 Rezeptmenge cremige Avocadosauce (siehe Seite 42)
150 g Käse (z. B. Cheddar)
1 Dose schwarze Bohnen (400 g)
1 rote oder grüne Chilischote
1 Packung Tortillachips (etwa 185 g)

ZUM SERVIEREN
2 Jalapeño-Chilischoten, in Ringe geschnitten
½ rote Zwiebel, abgezogen und fein gehackt
1 Tomate, gewürfelt
1 Bund Koriander, gehackt
1 Limette, halbiert

- Die Avocadosauce zubereiten wie auf Seite 42 beschrieben.
- Den Backofen auf 200 °C vorheizen.
- Den Käse fein würfeln. Die Bohnen in ein Sieb abgießen und abtropfen lassen. Die Chilischote halbieren, entkernen und in feine Streifen schneiden.
- Die Chips mit Käse, Bohnen, Chili und der Hälfte der Avocadosauce in eine ofenfeste Form schichten. Im Ofen auf mittlerer Schiene etwa 10 Minuten backen, bis der Käse geschmolzen ist.
- Mit restlicher Avocadosauce, Jalapeños, Zwiebel, Tomate und Koriander garnieren. Mit der Limette servieren.

TIPP: Servieren Sie die Nachos warm als Vorspeise oder Snack zum Aperitif.

GLASUR FÜR RIPPCHEN
KAFFEE-RUB
CHUTNEY-GLASUR
RUB MIT ROSA PFEFFERBEEREN

LIEBLINGSGLASUR
HOISIN-GLASUR
RUB MIT KREUZKÜMMEL
SRIRACHA-GLASUR
MASALA-RUB

GLASUR FÜR RIPPCHEN 200 ML

100 g Orangenmarmelade
50 ml japanische Sojasauce
3 EL dunkler Sirup
2 EL Worcestersauce
1 Knoblauchzehe, abgezogen und durchgepresst
1 EL Sambal Oelek

Alle Zutaten in einem Topf unter Rühren aufkochen und dicklich einkochen lassen.

LIEBLINGS-GLASUR 200 ML

1 TL geräuchertes Paprikapulver
1 TL mildes Chilipulver
½ TL getrockneter Thymian
1 TL Salz
1 TL Muscovadozucker
frisch gemahlener schwarzer Pfeffer
3 EL Rotweinessig
1 EL frisch gepresster Zitronensaft
100 ml Olivenöl
1 Bund Basilikum, Blätter fein gehackt

Alle Zutaten verrühren und die Glasur abschmecken.

HOISIN-GLASUR 200 ML

100 ml Hoisinsauce (erhältlich im Asialaden)
1 EL Rapsöl
2 EL Reisessig
3 EL japanische Sojasauce
1 TL Wasabipaste
1 Knoblauchzehe, abgezogen und durchgepresst
1 EL fein geriebener frischer Ingwer

Alle Zutaten verrühren und die Glasur abschmecken.

CHUTNEY-GLASUR 100 ML

3 EL Chutney (z. B. Mango-Chutney)
1 EL frisch geriebener Ingwer
2 Knoblauchzehen, abgezogen und durchgepresst
1 EL japanische Sojasauce
Salz und frisch gemahlener schwarzer Pfeffer

Die Zutaten verrühren und die Glasur mit Salz und Pfeffer abschmecken.

TIPP: Alle Glasuren können auch als Sauce verwendet werden

SRIRACHA-GLASUR 200 ML

100 ml Srirachasauce
1 EL japanische Sojasauce
2 EL Reisessig
1 EL Fischsauce
1 EL Maiskeimöl
1 EL Ingwersaft (Fertigprodukt)
1 TL edelsüßes Paprikapulver

Alle Zutaten verrühren und die Glasur abschmecken.

RUB MIT KREUZKÜMMEL

1 EL Kreuzkümmelsamen
1 TL gemahlener Koriander
1 TL getrockneter Oregano, zerkrümelt
1 TL Chilipulver
3 EL Muscovadozucker
1 TL Salz

Alle Zutaten miteinander vermischen.

MASALA-RUB

1 ½ EL Mango-Currypulver
1 TL gemahlener Ingwer
1 TL gemahlener Koriander
1 TL Knoblauchpulver
2 TL Salz

Alle Zutaten miteinander vermischen.

ROSA-PFEFFER-RUB

2 TL rosa Pfefferbeeren
1 TL Zitronenpfeffer
1 TL getrocknete Kräuter (z. B. Petersilie)
1 TL Salzflocken

Alle Zutaten im Mörser miteinander zerstoßen.

KAFFEE-RUB

2 EL Salzflocken
1 EL frisch gemahlener schwarzer Pfeffer
1 TL Sumach
1 TL Instant-Kaffeepulver
1 TL Kakaopulver
1 TL Zwiebelpulver
1 TL Knoblauchpulver

Alle Zutaten miteinander vermischen.

GERÖSTETE GEFÜLLTE PAPRIKASCHOTEN

4 PERSONEN

4 Paprikaschoten in verschiedenen Farben

FÜLLUNG

100 g Kirschtomaten in verschiedenen Farben
65 g Oliven ohne Stein
6–8 Sardellenfilets
80 g Parmesan, gerieben
½ TL getrockneter Oregano
4 EL Olivenöl
frisch gemahlener schwarzer Pfeffer

ZUM SERVIEREN

150 g Feta
frische Kräuter (z. B. Oregano)

- Den Backofen auf 225 °C vorheizen. Die Paprikaschoten halbieren, entkernen und mit der Schnittseite nach oben in eine ofenfeste Form legen. Im Ofen auf mittlerer Schiene etwa 15 Minuten rösten.
- Die Tomaten halbieren. Die Oliven halbieren, wenn sie groß sind. Die Sardellen in kleine Stücke schneiden. Tomaten, Oliven, Sardellen und Parmesan in eine Schüssel geben, den Oregano dazukrümeln. Das Olivenöl und etwas Pfeffer dazugeben und alles vorsichtig mischen. Die Füllung auf die Paprikahälften verteilen.
- Die Form auf mittlerer Schiene in den Backofen stellen. Die Ofentemperatur auf 200 °C reduzieren. Die Paprikaschoten 10–15 Minuten überbacken.
- Vor dem Servieren die Paprikaschoten mit dem zerkrümelten Feta bestreuen und mit Kräuterblättern garnieren.

GERÖSTETE KAROTTEN AUF JOGHURT-PESTO-CREME 4 PERSONEN

1 Rezept Ligurisches Pesto (siehe Seite 35)
2 Bund Möhren
5 junge Zwiebeln (am besten rote und weiße)
2 EL Olivenöl
Salz und frisch gemahlener schwarzer Pfeffer
300 g griechischer Joghurt

ZUM SERVIEREN
3 EL gehackte gesalzene Mandeln

- Das Ligurische Pesto zubereiten wie auf Seite 35 beschrieben.
- Den Backofen auf 225 °C vorheizen.
- Die Karotten putzen und abschrubben, ein Stück vom Blattansatz stehen lassen. Die Zwiebeln putzen und halbieren.
- Karotten und die Zwiebeln auf ein mit Backpapier bedecktes Backblech legen. Mit dem Öl beträufeln, salzen und, pfeffern. Das Gemüse im Ofen etwa 25 Minuten rösten, bis es weich ist.
- Den Joghurt mit 2–3 EL Pesto nur leicht verrühren. Die Mischung auf einer Platte verteilen. Die Karotten und die Zwiebeln darauf anrichten und mit den Mandeln bestreuen. Das restliche Pesto getrennt dazu servieren.

TIPP: Das Pesto kann auch durch Salsa verde ersetzt werden (siehe Seite 112).

SÜSSKARTOFFELN MIT KICHERERBSEN UND SALSA VERDE

4 PERSONEN

4 Süßkartoffeln

FÜLLUNG

200 g gegarte Kichererbsen, abgespült und abgetropft
1 EL Olivenöl
80 g Parmesan, gerieben

SALSA VERDE

1 Bund Petersilie (oder Basilikum)
1 rote Chilischote, entkernt
2 TL Kapern
2 Knoblauchzehen, abgezogen und durchgepresst
2 EL Sardellendressing (siehe Seite 89; oder 4 Sardellenfilets, fein gehackt)
2 EL frisch gepresster Zitronensaft
100 ml Olivenöl

- Den Backofen auf 225 °C vorheizen. Die Süßkartoffeln gründlich waschen und abbürsten; mit einer Gabel einstechen. Je nach Größe im Ofen auf mittlerer Schiene 40–60 Minuten backen, bis sie weich sind.
- Für die Füllung die Kichererbsen mit dem Olivenöl und dem Parmesan mischen.
- Die gebackenen Süßkartoffeln mit einem scharfen Messer aufschneiden, aber nicht ganz durchschneiden. Die Süßkartoffeln mit der Kichererbsenmischung füllen und für weitere 20 Minuten in den Ofen schieben.
- Für die Salsa verde die Petersilie, die Chilischote und die Kapern fein hacken. Mit dem Knoblauch, dem Sardellendressing (oder den gehackten Sardellen), dem Zitronensaft und dem Olivenöl verrühren.
- Die Hälfte der Salsa verde über die fertig gegarten Süßkartoffeln träufeln, die restliche Sauce getrennt dazu servieren.

TIPP: Wenn Sie die Schale mitessen wollen, sollten Sie Süßkartoffeln aus biologischem Anbau kaufen.

CROISSANTS MIT ERDBEEREN, RICOTTA UND BALSAMICOSIRUP 4 PERSONEN

250 g Erdbeeren
4 Croissants

BALSAMICOSIRUP
50 ml Balsamicoessig
50 ml Honig

FÜLLUNG
250 g Ricotta
1–2 EL Puderzucker
1 TL gemahlene Vanille

ZUM SERVIEREN
Minzeblätter

- Die Zutaten für den Sirup in einen kleinen Topf geben. Unter Rühren aufkochen und etwa 3 Minuten köcheln lassen. Zum Abkühlen beiseitestellen.
- Die Erdbeeren putzen und halbieren. Die Croissants aufschneiden und auf dem Grill oder in einer Grillpfanne rösten.
- Den Ricotta mit Puderzucker und Vanille verrühren. Die Croissants damit bestreichen.
- Mit den Erdbeeren belegen und mit Balsamicosirup beträufeln. Vor dem Servieren die Minzeblätter dazugeben.

TIPP: Diese Croissants sind auch ein feines Frühstück.

SCHNELLES FRUCHTEIS 3-4 PERSONEN

2 Bananen
500 g tiefgekühlte Beeren oder Fruchtstücke (z B. Erdbeeren, Himbeeren, Mango, Papaya oder Heidelbeeren)
90 g Puderzucker
150 g Schlagsahne

- Die Bananen schälen und in Scheiben schneiden. Die gefrorenen Früchte (falls nötig, kurz antauen lassen, damit sie sich verarbeiten lassen) in der Küchenmaschine mit dem Messeraufsatz glatt pürieren. Die Banane, den Puderzucker und die Sahne dazugeben und untermixen, bis eine glatte Eismasse entstanden ist.
- Das Eis in gefriertaugliche Portionsschalen oder in ein großen Gefäß füllen. Im Tiefkühlfach 3-4 Stunden gefrieren lassen.

TIPPS: Für ein erfrischendes Sorbet einfach die Sahne weglassen. Das Eis mit Minze oder Zitronenmelisse garnieren. Dazu kann man eine Auswahl von Toppings servieren (siehe Seite 119)

KOKOS-CRUNCH
SCHOKOSAUCE
KARAMELL-
SAUCE
BEERENSAUCE
MELONEN- GRANAT-
APFEL-TOPPING
HASELNUSSKROKANT

HASELNUSS-KROKANT

90 g Zucker
50 g Haselnusskerne, geröstet und grob gehackt

Den Zucker in einer Pfanne bei mittlerer Temperatur schmelzen lassen und zu Karamell kochen. Den Karamell auf ein mit Backpapier ausgelegtes Backblech gießen und mit den Nüssen bestreuen. Nach dem Abkühlen mit einem Messer fein hacken.

KOKOS-CRUNCH

100 g weiße Schokotropfen
40 g Kokosflocken

Den Backofen auf 200 °C vorheizen. Schokolade und Kokosflocken auf einem mit Backpapier ausgelegten Backblech verteilen. Im Ofen etwa 10 Minuten rösten. Nach dem Abkühlen in Stücke brechen

---

KARAMELLSAUCE

200 g Schlagsahne
2 EL Zucker
75 ml heller Sirup
1 EL Butter

Die Sahne mit dem Zucker und dem Sirup in einen Topf geben und unter Rühren aufkochen. Bei sehr hoher Temperatur etwa 10 Minuten kochen lassen, bis der Zucker bräunt und die Sauce eindickt. Den Topf vom Herd nehmen und die Butter einrühren. Vor dem Servieren abkühlen lassen.

BEERENSAUCE

2 EL Butter
90 g Zucker
125 g Heidelbeeren
125 g Himbeeren

Die Butter in einem kleinen Topf zerlassen. Den Zucker und die Beeren unterrühren. Unter Rühren aufkochen und 3–4 Minuten köcheln lassen. Die Sauce warm servieren.

SCHOKOSAUCE

90 g Zucker
40 g Kakao
Salz

Den Zucker, den Kakao und 1 Prise Salz in einem Topf mischen. Nach und nach 100 ml Wasser unterrühren, bis alles vermischt ist. Die Sauce unter Rühren aufkochen und 5–8 Minuten köcheln lassen, bis sie dick und glänzend ist. Ab und zu umrühren. Vor dem Servieren abkühlen lassen.

MELONEN-GRANATAPFEL-TOPPING

1 Stück Wassermelone
125 g Granatapfelkerne
1 EL gehackte Minze

Die Melone fein würfeln und mit Granatapfelkernen und Minze mischen.

ERDBEERTARTE 6 PERSONEN

250 g Weizenmehl Type 450
1 EL Zucker
150 g Butter, gewürfelt
1 großes Ei
1 Packung Instant-Vanillepuddingpulver
200 ml Milch
150 ml Schlagsahne

ZUM SERVIEREN
500 g Erdbeeren
Puderzucker
Walderdbeerblüten und -blätter

- Den Backofen auf 200 °C vorheizen. Eine Tarteform mit herausnehmbarem Boden (etwa 23 × 30 cm) fetten.
- Das Mehl und den Zucker in der Küchenmaschine mit dem Messeraufsatz mixen. Die Butter dazugeben und untermixen. Das Ei hinzufügen und weitermixen, bis sich eine Teigkugel formt.
- Den Teig in die vorbereitete Form drücken und einen Rand formen. Etwa 30 Minuten in den Kühlschrank stellen.
- Den Boden im Backofen auf mittlerer Schiene etwa 20 Minuten backen, dann auskühlen lassen.
- Das Puddingpulver mit der Milch nach Packungsangabe anrühren. Die Sahne steif schlagen und unterheben. Die Creme auf dem vorgebackenen Boden verteilen.
- Die Erdbeeren putzen, falls nötig halbieren und die Tarte damit belegen. Mit Puderzucker, Erdbeerblüten und -blättern garnieren.

TIPP: Das ist der perfekte Abschluss für ein Grillfest am Mittsommerabend.

KUCHEN-PANZANELLA MIT GEGRILLTER ANANAS, BEEREN UND LIMETTEN-HONIG-GLASUR 4–6 PERSONEN

1 kleiner weicher Rührkuchen, selbst gebacken oder fertig gekauft
½ Ananas
250 g Erdbeeren
125 g Heidelbeeren und/oder Himbeeren

GLASUR
5 EL frisch gepresster Limettensaft
1 TL Muscovadozucker
100 ml flüssiger Honig oder heller Sirup

ZUM SERVIEREN
abgeriebene Schale von 2 unbehandelten Limetten
2 EL fein gehackte Minzeblätter, plus Minzeblätter zum Bestreuen
1 EL Zucker

- Mit der Glasur beginnen: Den Limettensaft mit dem Zucker verrühren, bis sich der Zucker auflöst. Den Honig unterrühren.
- Den Rührkuchen in Scheiben schneiden und auf dem vorgeheizten Grill oder in einer Grillpfanne etwa 2–3 Minuten von jeder Seite rösten.
- Die Ananas mit einem scharfen Messer schälen, halbieren und vom Strunk befreien. In Spalten oder Halbmonde schneiden.
- Die Ananas 1–3 Minuten pro Seite grillen, dann mit der Glasur einpinseln; restliche Glasur zum Servieren beiseitestellen.
- Kuchen und Ananas auf eine Servierplatte schichten. Mit den geputzten und in Stücke geschnittenen Erdbeeren, den Heidelbeeren und/oder den Himbeeren belegen. Das Ganze mit der restlichen Glasur beträufeln und mit der Limettenschale, der fein gehackten Minze, den Minzeblättern und dem Zucker bestreuen.

Eine süße Variante des italienischen Brotsalats, mit Früchten, Beeren und Rührkuchen.

REGISTER